Impressum
Verlag: BABADADA GmbH, Nedderfeld 112 , 22529 Hamburg
Geschäftsführer / Verlagsleitung: Harald Hof
Druck: Books on Demand GmbH, In de Tarpen 42, 22848 Norderstedt

Imprint
Publisher: BABADADA GmbH, Nedderfeld 112 , 22529 Hamburg, Germany
Managing Director / Publishing direction: Harald Hof
Print: Books on Demand GmbH, In de Tarpen 42, 22848 Norderstedt, Germany

sekolah

школа

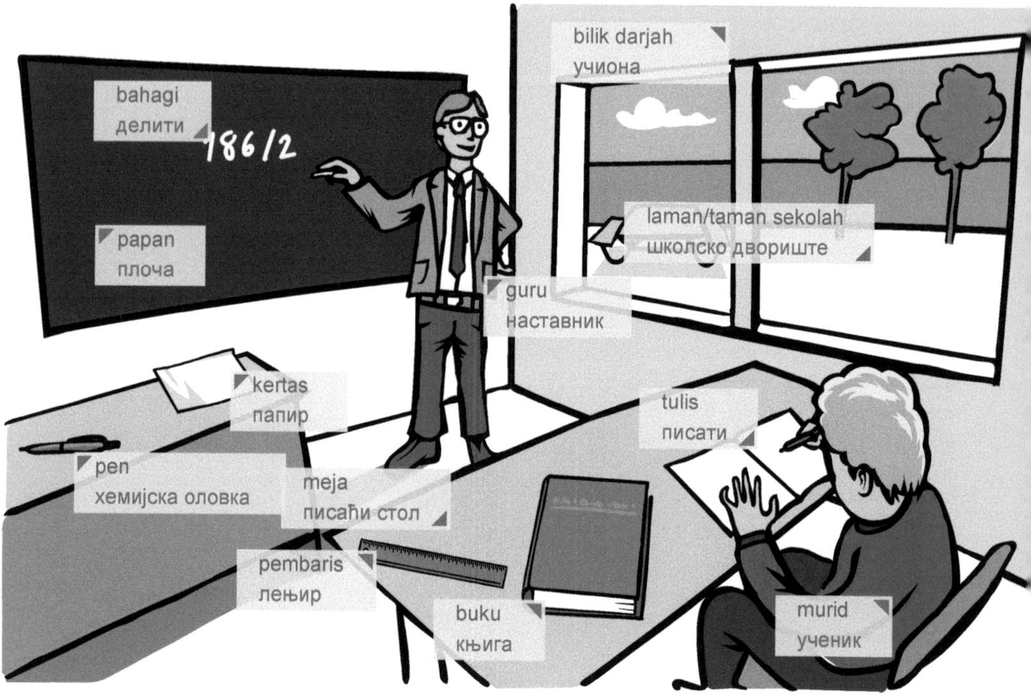
bilik darjah
учиона
bahagi
делити
186/2
papan
плоча
laman/taman sekolah
школско двориште
guru
наставник
kertas
папир
tulis
писати
pen
хемијска оловка
meja
писаћи стол
pembaris
лењир
buku
књига
murid
ученик

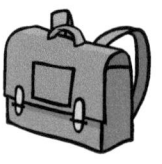

beg galas

торба

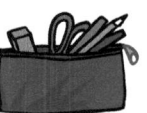

kotak pensel

перница

pensel

графитна оловка

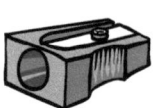

pengasah pensel

шиљило за оловке

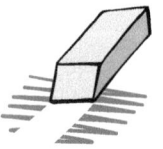

pemadam

гумица за брисање

kertas lukisan

блок за цртање

melukis

цртеж

berus lukis

кист

kotak warna

кутија са бојама

gunting

маказе

gam

лепило

buku latihan

бележница

kerja rumah

домаћи задатак

nombor

број

tambah

сабирати

tolak

одузимати

darab

множити

kira

рачунати

huruf

слово

abjad

абецеда

kata

реч

teks

текст

baca

читати

kapur

креда

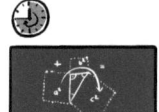

pelajaran

час

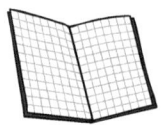

daftar

дневник

peperiksaan

испит

sijil

сведочанство

uniform sekolah

школска униформа

pendidikan

образовање

ensiklopedia

лексикон

universiti

универзитет

mikroskop

микроскоп

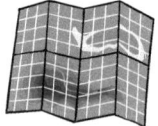

peta

карта

bakul sampah

кошара за папир

hotel
хотел

Grand

asrama
преноћиште

ROOMS

EXCHANGE

pejabat tukaran mata wang
мењачница

beg pakaian
кофер

kereta
ауто

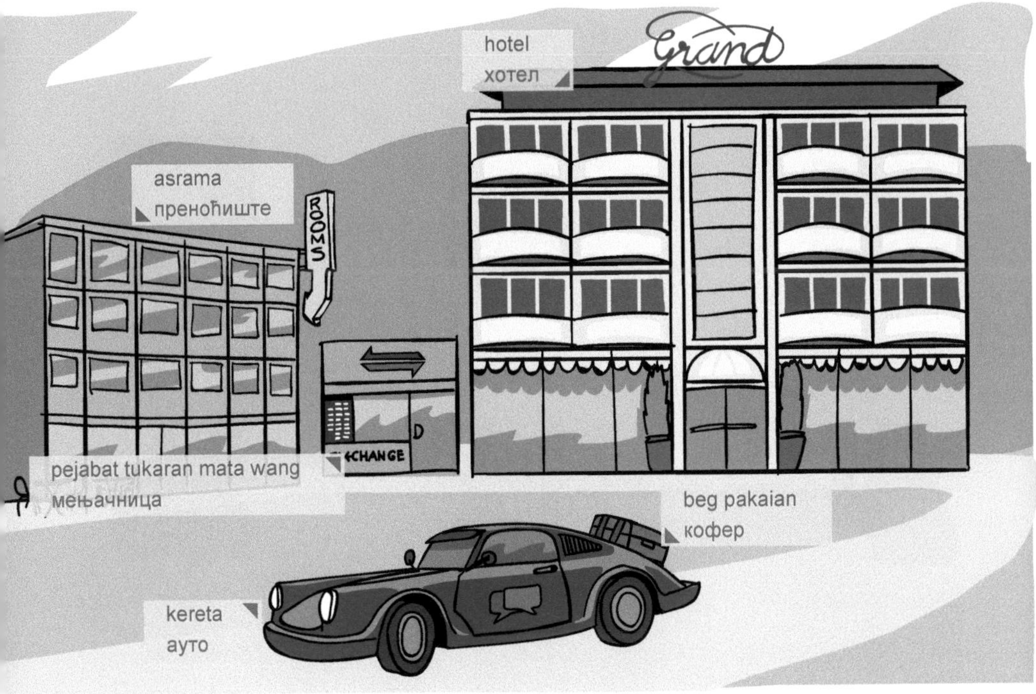

bahasa

језик

ya / tidak

да / не

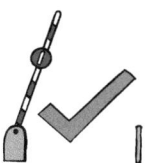

okey

океј

helo

здраво

penterjemah

преводилац

Terima kasih

хвала

berapa banyak...?

Колико кошта...?

saya tidak faham

не разумем

masalah

проблем

Selamat petang!

добро вече!

Selamat Pagi!

Добро јутро!

Selamat Malam!

Лаку ноћ!

selamat tinggal

довиђења

arah

смер

bagasi

пртљага

beg

торба

beg galas

руксак

tetamu

гост

bilik tidur

соба

beg tidur

вреća за спавање

khemah

шатор

maklumat pelancong

туристичке информације

pantai

плажа

kad kredit

кредитна картица

sarapan

доручак

makan tengah hari

ручак

makan malam

вечера

tiket

карта за вожњу

lif

лифт

setem

поштанска маркица

sempadan

граница

kastam

царина

kedutaan

амбасада

visa

виза

pasport

пасош

pengangkutan

транспорт

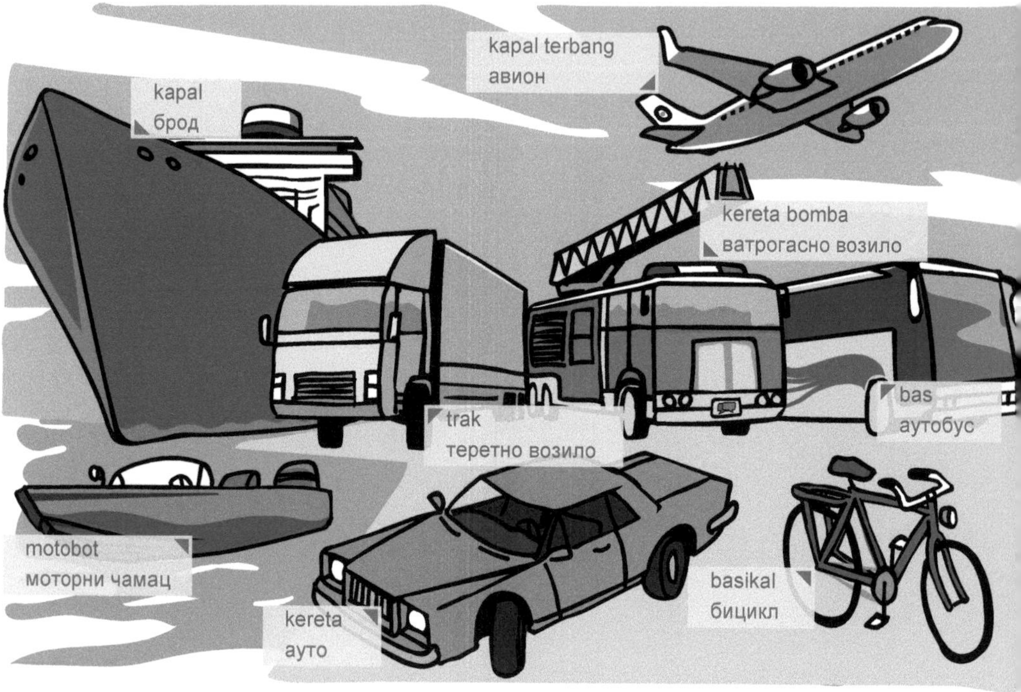

kapal terbang
авион
kapal
брод
kereta bomba
ватрогасно возило
trak
теретно возило
bas
аутобус
motobot
моторни чамац
kereta
ауто
basikal
бицикл

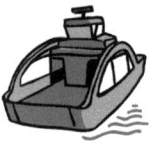

feri

трајект

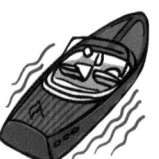

bot

чамац

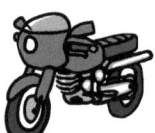

motosikal

мотоцикл

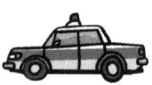

kereta polis

полицијски ауто

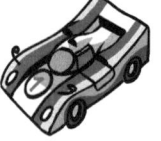

kereta lumba

тркаћи ауто

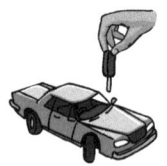

kereta sewa

изнајмљено ауто

berkongsi kereta

дељење аутомобила

trak tunda

вучно возило

trak menolak

возило за одвоз смећа

motor

мотор

bahan api

бензин

stesen minyak

бензинска станица

tanda trafik

саобраћајни знак

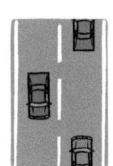

trafik

саобраћај

kesesakan lalu lintas

застој

tempat parkir

паркиралиште

stesen kereta api

железничка станица

trek

шине

kereta api

воз

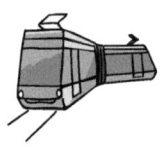

trem

трамвај

gerabak

вагон

helikopter

хеликоптер

lapangan terbang

аеродром

Menara

кула

penumpang

путник

bekas

контејнер

kadbod

картон

kart

колица

bakul

корпа

berlepas / mendarat

узлетети / слетети

bandar

град

kampung

село

pusat bandar

центар града

rumah

кућа

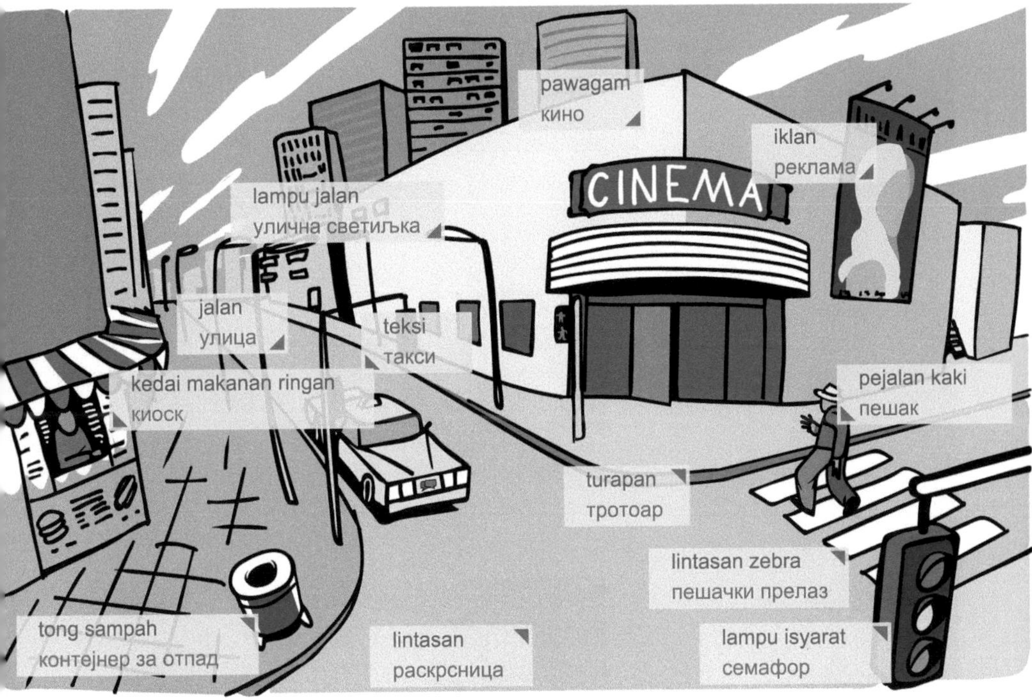

pawagam
кино

iklan
реклама

lampu jalan
улична светиљка

CINEMA

jalan
улица

teksi
такси

kedai makanan ringan
киоск

pejalan kaki
пешак

turapan
тротоар

lintasan zebra
пешачки прелаз

tong sampah
контејнер за отпад

lintasan
раскрсница

lampu isyarat
семафор

pondok

колиба

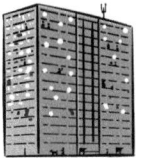

flat

стан

stesen kereta api

железничка станица

dewan bandar

већница

muzium

музеј

sekolah

школа

bandar - град

11

universiti

универзитет

bank

банка

hospital

болница

hotel

хотел

farmasi

апотека

pejabat

канцеларија

kedai buku

књижара

kedai

продавница

kedai bunga

цвећара

pasar raya

супермаркет

pasaran

трг

gedung

робна кућа

penjual ikan

рибарница

pusat membeli-belah

трговачки центар

pelabuhan

лука

taman

парк

bangku

клупа

jambatan

мост

tangga

степенице

bawah tanah

подземна железница

terowong

тунел

hentian bas

аутобуска станица

bar

бар

restoran

ресторан

peti surat

поштанско сандуче

papan tanda jalan

улични знак

meter parkir

паркирни аутомат

zoo

зоолошки врт

kolam renang

базен

masjid

џамија

ladang

сеоско газдинство

pencemaran

загађење околине

tanah perkuburan

гробље

gereja

црква

taman permainan

игралиште

kuil

храм

landskap

пејсаж

daun
лист

tiang tanda
путоказ

jalan
пут

padang rumput
ливада

batu
камен

pejalan kaki
шетач

pokok
дрво

sungai
река

rumput
трава

bunga
цвет

lembah

долина

bukit

планина

tasik

језеро

hutan

шума

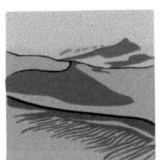

padang pasir

пустиња

gunung berapi

вулкан

istana

дворац

pelangi

дуга

cendawan

гљива

pokok kelapa sawit

палма

nyamuk

москито

terbang

мува

semut

мрав

lebah

пчела

labah-labah

паук

kumbang

буба

katak

жаба

tupai

веверица

landak

јеж

arnab

зец

burung hantu

сова

burung

птица

angsa

лабуд

babi jantan

дивља свиња

rusa

јелен

moose

лос

empangan

насип

turbin angin

ветрењача

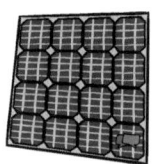

panel solar

соларна плоча

iklim

клима

restoran
ресторан

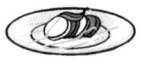

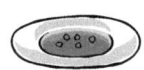

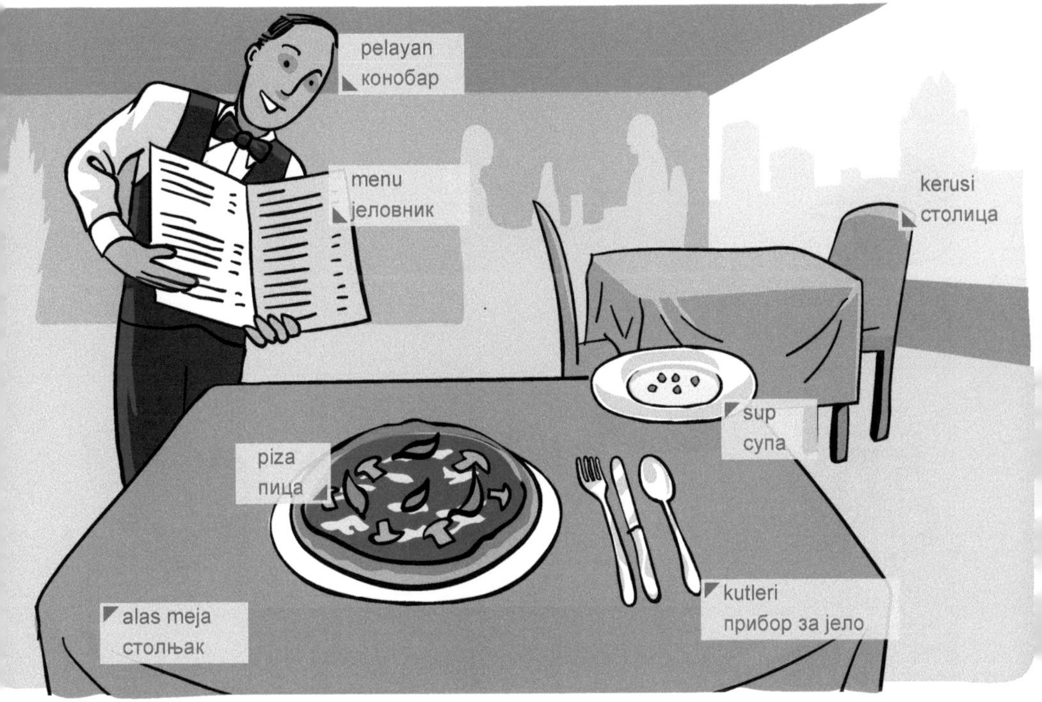
pelayan
конобар
menu
јеловник
kerusi
столица
sup
супа
piza
пица
kutleri
прибор за јело
alas meja
столњак

pemula

предјело

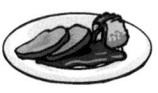

hidangan utama

главно јело

pencuci mulut

десерт

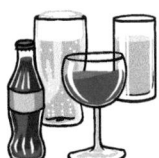

minuman

напитци

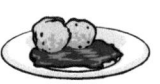

makanan

јело

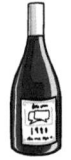

botol

флаша

makanan segera

брза храна

makanan jalanan

имбис храна

teko

чајник

mangkuk gula

доза за шећер

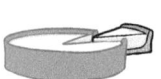

bahagian

порција

mesin espreso

апарат за еспресо

kerusi tinggi

висока столица

bil

рачун

dulang

послужавник

pisau

нож

garfu

виљушка

sudu

кашика

sudu teh

чајна кашика

serviette

салвета

gelas

чаша

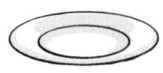

pinggan

тањир

mangkuk sup

тањир за супу

piring

тањирић

sos

сос

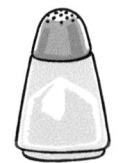

tempat garam

сољенка

pengisar lada

млин за бибер

cuka

сирће

minyak

уље

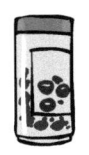

rempah

зачини

sos

кечап

mustard

сенф

mayones

мајонеза

pasar raya
супермаркет

tawaran istimewa
понуда
FOR
pelanggan
купац
tenusu
млечни производи
buah-buahan
воће
troli
колица за куповину

BUTCHERS

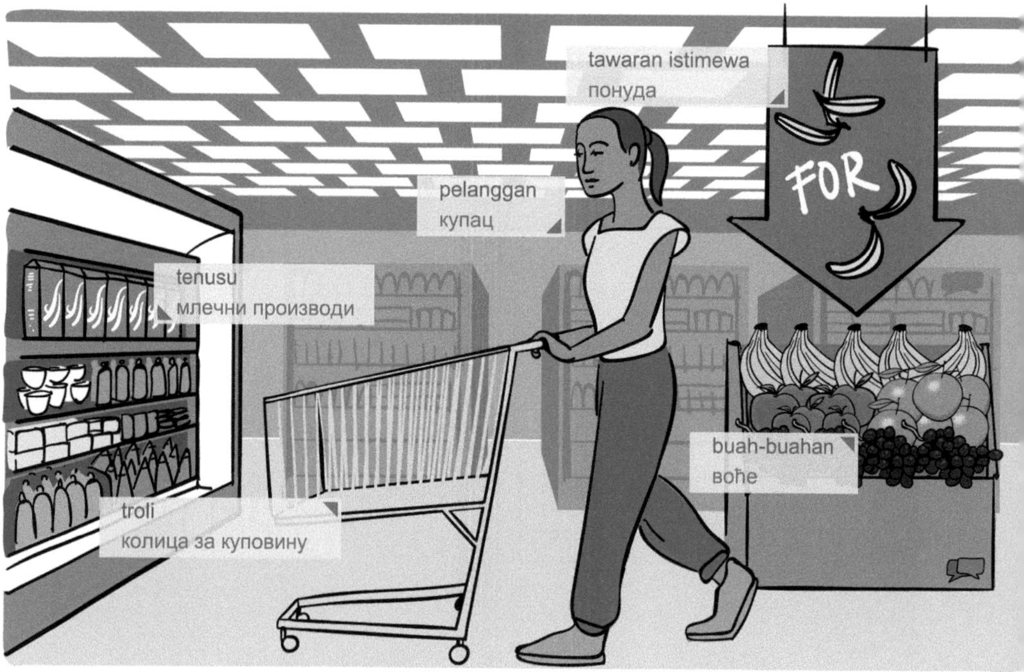

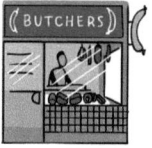

tukang daging

месница

BAKERY

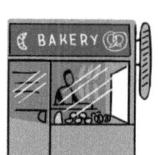

kedai roti

пекара

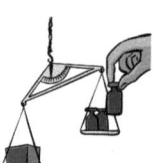

berat

вагати

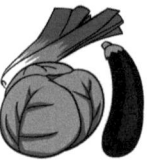

sayur-sayuran

поврће

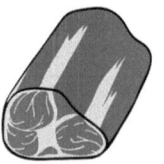

daging

месо

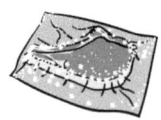

makanan sejuk beku

смрзнута храна

daging sejuk

нарезак

makanan dalam tin

конзерве

serbuk pencuci

средство за прање

gula-gula

слаткиши

produk isi rumah

артикли за домаћинство

produk pembersihan

средства за чишћење

orang jualan

продавачица

daftar tunai

благајна

juruwang

благајник

senarai membeli-belah

листа за куповину

waktu pembukaan

време рада

beg duit

новчаник

kad kredit

кредитна картица

beg

торба

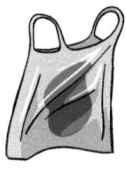

beg plastik

пластична кеса

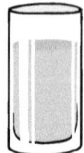

air

вода

jus

сок

susu

млеко

kola

кола

wain

вино

bir

пиво

alkohol

алкохол

koko

какао

the

чај

kopi

кава

espreso

еспресо

kapucino

капућино

pisang

банана

epal

јабука

oren

наранџа

tembikai

лубеница

lemon

лимун

lobak merah

шаргарепа

bawang putih

бели лук

buluh

бамбус

bawang

лук

cendawan

гљива

kacang

орашасти плодови

mi

резанци

spageti

шпагете

nasi

рижа

salad

салата

kerepek

помфрит

kentang goreng

печени крумпир

piza

пица

hamburger

хамбургер

sandwic

сендвич

kutlet

шницла

ham

шунка

salami

салама

sosej

кобасица

ayam

кокош

panggang

печење

ikan

риба

bubur oat

зобене пахуљице

muesli

мусли

emping jagung

кукурузне пахуљице

tepung

брашно

kroisan

кроасан

roti roll

пециво

roti

хлеб

roti bakar

тоаст

biskut

кекси

mentega

маслац

dadih

свежи сир

kek

колач

telur

jaje

telur goreng

jaje на око

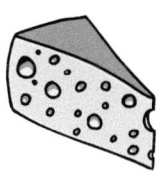

keju

сир

makanan - jело

ais krim

сладолед

gula

шећер

madu

мед

jem

мармелада

krim nougat

нугат крема

kari

кари

makanan - jело

ladang

сеоско газдинство

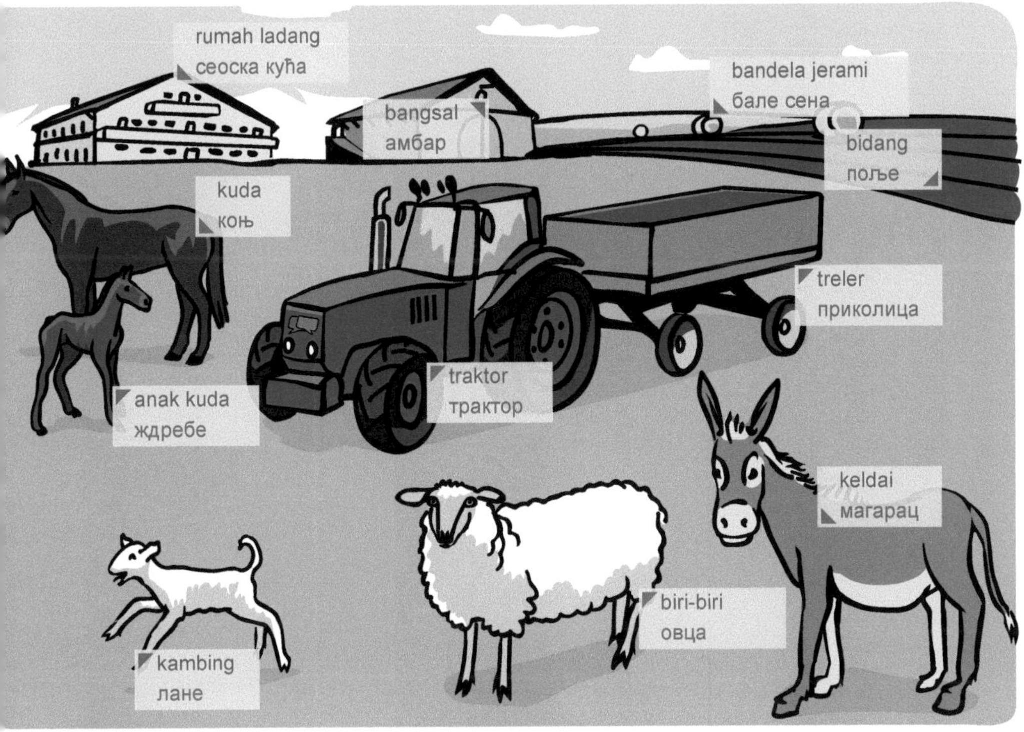

rumah ladang
сеоска кућа
bangsal
амбар
bandela jerami
бале сена
bidang
поље
kuda
коњ
treler
приколица
traktor
трактор
anak kuda
ждребе
keldai
магарац
biri-biri
овца
kambing
лане

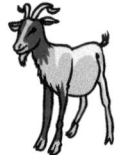

kambing
коза

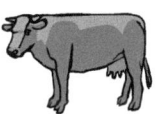

lembu
крава

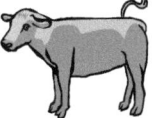

anak lembu
теле

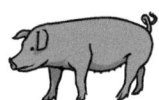

babi
свиња

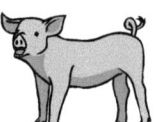

anak babi
прасе

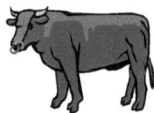

lembu
бик

angsa

гуска

itik

патка

anak ayam

пилићи

ayam betina

кокош

ayam jantan muda

петао

tikus

пацов

kucing

мачка

tikus

миш

lembu jantan

во

anjing

пас

rumah anjing

кућица за пса

hos taman

вртно црево

bekas siraman

канта за поливање

sabit

коса

bajak

плуг

sabit
срп

cangkul
мотика

serampang peladang
виљушка за ђубриво

kapak
секира

kereta sorong
тачке

palung
корито

tin susu
посуда за млеко

karung
врећа

pagar
ограда

stabil
штала

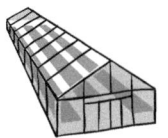

rumah hijau
стакленик

tanah
земља

benih
семе

baja
ђубриво

jentuai
комбајн

tuai

жети

menuai

жетва

keladi

jамс зачин

gandum

пшеница

soya

coja

kentang

крумпир

jagung

кукуруз

biji sawi

уљана репица

pokok buah-buahan

воћка

ubi kayu

гомољ маниоке

bijirin

житарице

rumah

кућа

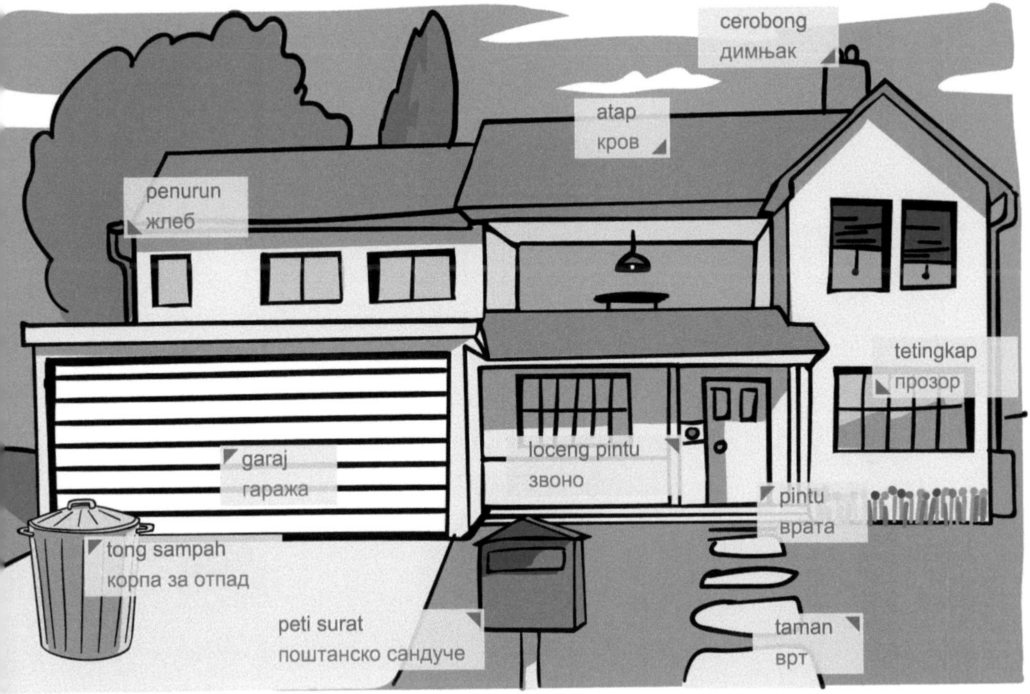
cerobong
димњак
atap
кров
penurun
жлеб
tetingkap
прозор
garaj
гаража
loceng pintu
звоно
pintu
врата
tong sampah
корпа за отпад
peti surat
поштанско сандуче
taman
врт

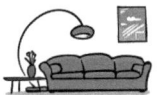

ruang tamu

дневна соба

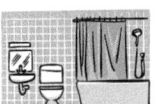

bilik air

купаоница

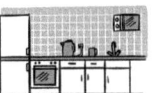

dapur

кухиња

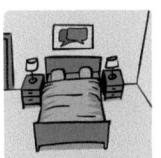

bilik tidur

спаваћа соба

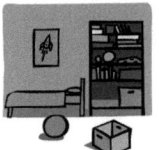

bilik kanak-kanak

дечија соба

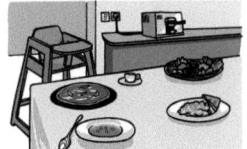

ruang makan

трпезарија

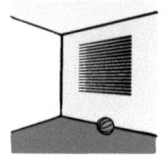

lantai

под

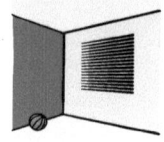

dinding

зид

siling

строп

bilik bawah tanah

подрум

sauna

сауна

balkoni

балкон

teres

тераса

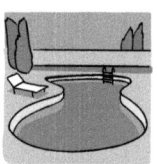

kolam renang

базен

pemotong rumput

косилица за траву

lembaran

постељина за кревет

penutup tilam

дека за кревет

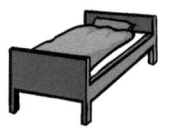

katil

кревет

penyapu

метла

timba

канта

suis

прекидач

ruang tamu
дневна соба

kertas dinding
тапета
gambar
слика
lampu
светиљка
rak
регал
kabinet
ормар
televisyen
телевизија
pendiangan
камин
bunga
цвет
kusyen
јастук
sofa
кауч
pasu
ваза
alat kawalan jauh
даљински управљач

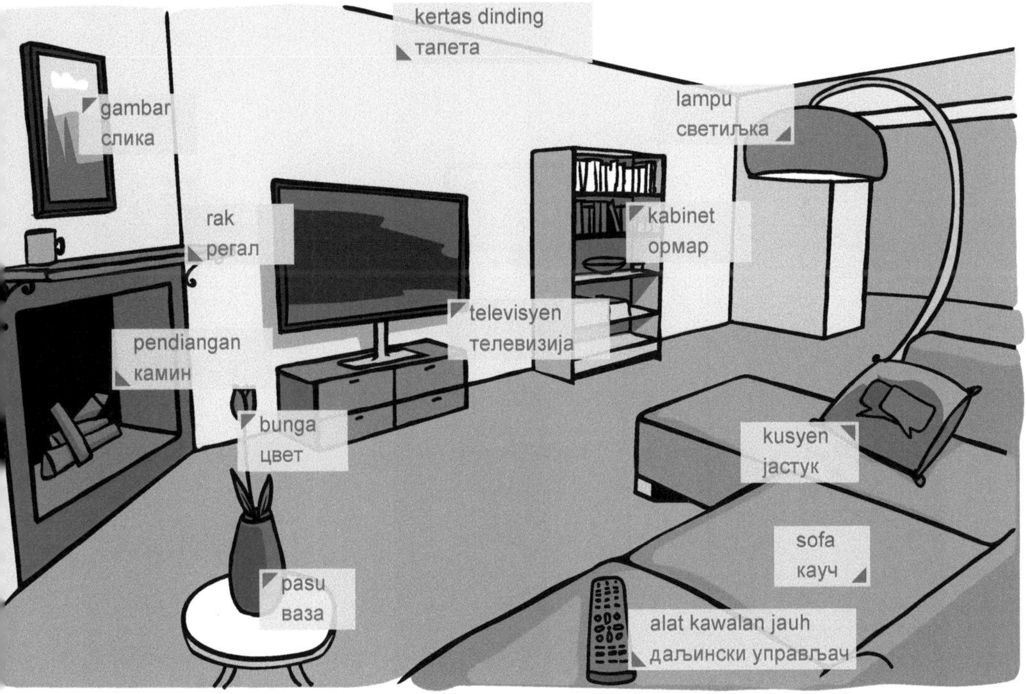

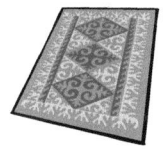

permaidani

тепих

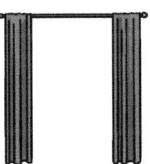

tirai

завеса

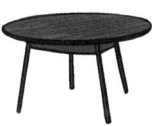

meja

сто

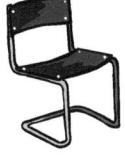

kerusi

столица

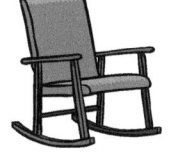

kerusi malas

столица за њихање

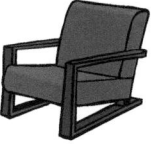

kerusi

фотеља

buku

књига

selimut

дека

hiasan

декорација

kayu api

дрво за огрев

filem

филм

hi-fi

хи-фи уређај

kunci

кључ

akhbar

новине

lukisan

слика на платну

poster

постер

radio

радио

buku catatan

блок за писање

penyedut habuk

усисивач

kaktus

кактус

lilin

свећа

dapur
кухиња

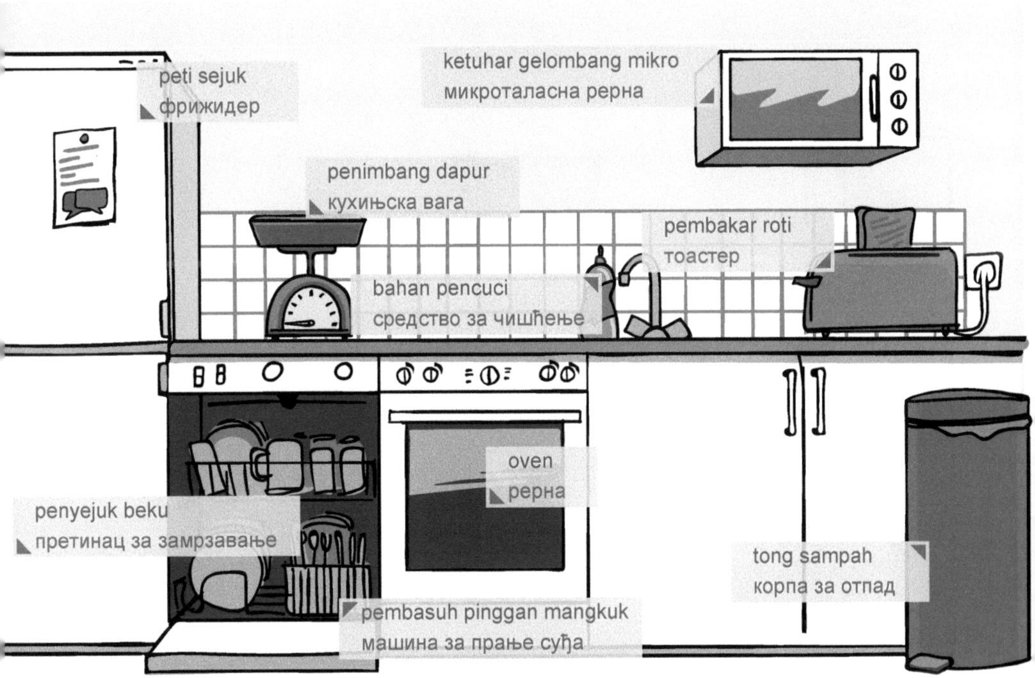
peti sejuk
фрижидер
ketuhar gelombang mikro
микроталасна рерна
penimbang dapur
кухињска вага
pembakar roti
тоастер
bahan pencuci
средство за чишћење
oven
рерна
penyejuk beku
претинац за замрзавање
tong sampah
корпа за отпад
pembasuh pinggan mangkuk
машина за прање суђа

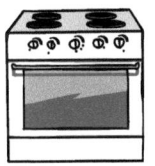

periuk dapur

шпорет

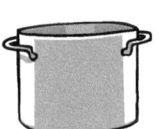

periuk

лонац

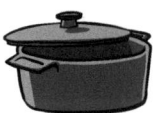

periuk besi

гвоздени лонац

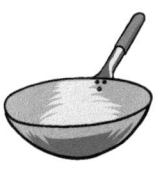

kuali

вок / кадаи

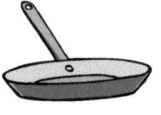

pan

тава

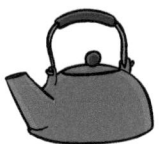

cerek

кувало за воду

pengukus

кувало на пару

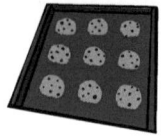

dulang pembakar

лим за печење

pinggan mangkuk

посуђе

koleh

чаша

mangkuk

посуда

penyepit

штапићи за јело

senduk

кутлача

spatula

лопатица

pengadun

пењача

penapis

сито за кување

ayak

сито

pemarut

рибеж

mortar

мужар

barbeku

роштиљ

pembakaran terbuka

огњиште

papan pencincang

даска

pin golekan

оклагија

skru gabus

вадичеп

tin

конзерва

pembuka tin

отварач конзерви

pemegang periuk

крпа за лонац

sinki

судопер

berus

четка

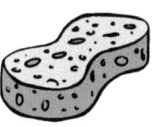

span

сунђер

pengisar

миксер

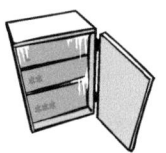

penyejuk beku

замрзивач

botol bayi

флашица за бебе

paip

славина за воду

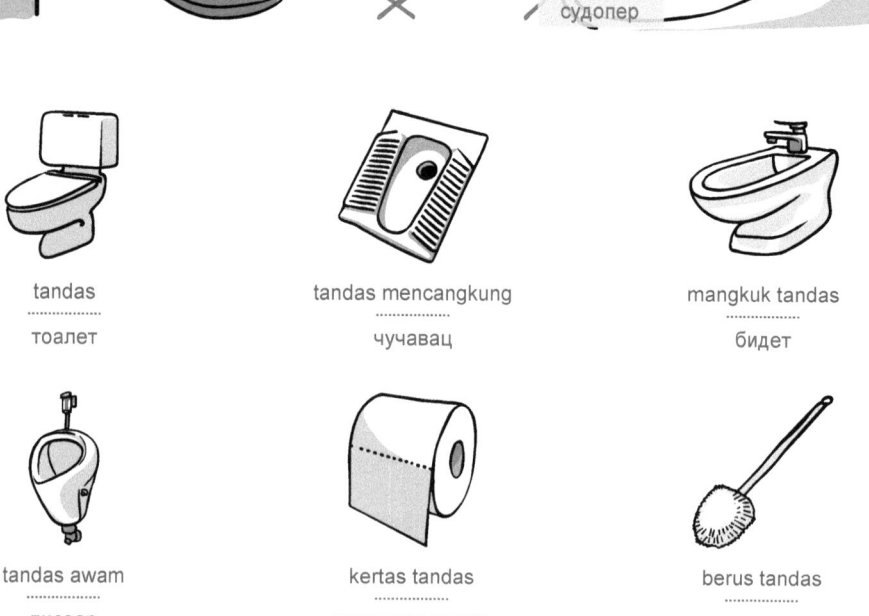

bilik air

купаоница

mandi
туш
pemanasan
грејање
tuala
пешкир
tirai mandi
завеса за туш
mandi buih
пенушава купка
tab mandi
када
gelas
чаша
mesin basuh
машина за прање веша
paip
славина за воду
jubin
плочице
tandas
тута
sinki
судопер

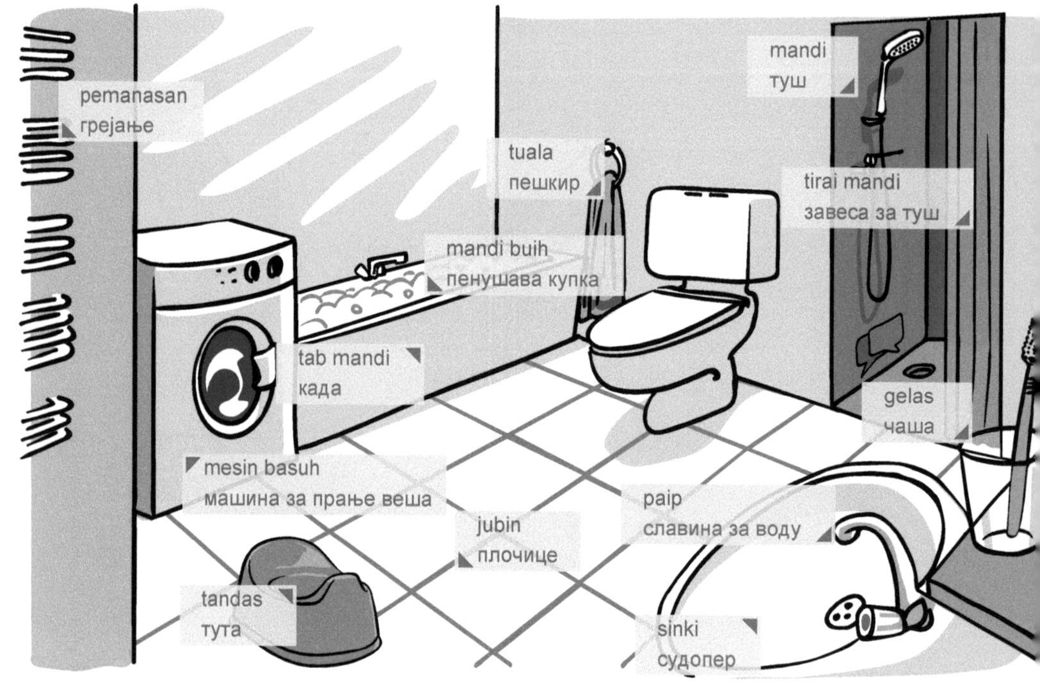

tandas

тоалет

tandas mencangkung

чучавац

mangkuk tandas

бидет

tandas awam

писоар

kertas tandas

тоалетни папир

berus tandas

четка за тоалет

berus gigi

четкица за зубе

ubat gigi

паста за зубе

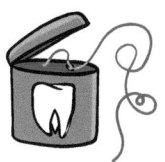

flos gigi

конац за зубе

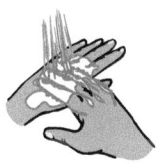

cuci

прати

mandian tangan

туш ручица

pancuran

туш за прање интимних делова

besen

лавор

belakang berus

четка за прање леђа

sabun

сапун

gel mandian

гел за туширање

syampu

шампон

flanel

крпа за прање

longkang

одвод

krim

крема

deodoran

дезодоранс

cermin

огледало

cermin tangan

козметичко огледало

pisau cukur

бријач

busa cukur

пена за бријање

selepas cukur

лосион за после бријања

sikat

чешаљ

berus

четка

pengering rambut

фен за косу

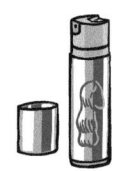

semburan rambut

спреј за косу

mekap

шминка

gincu

руж за усне

varnis kuku

лак за нокте

bulu kapas

вата

gunting kuku

маказе за нокте

pewangi

парфем

beg basuhan

козметичка торбица

bangku

столица

skala berat

вага

jubah mandi

огртач

sarung tangan getah

рукавице за чишћење

kapas

тампон

tuala wanita

уложак

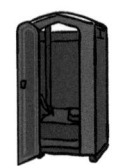

tandas kimia

хемијски тоалет

bilik kanak-kanak

дечија соба

jam loceng
будилник
mainan kegemaran
плишана играчка
kereta mainan
ауто играчка
kerincing bayi
звечка
rumah anak patung
кућица за лутке
hadiah
поклон

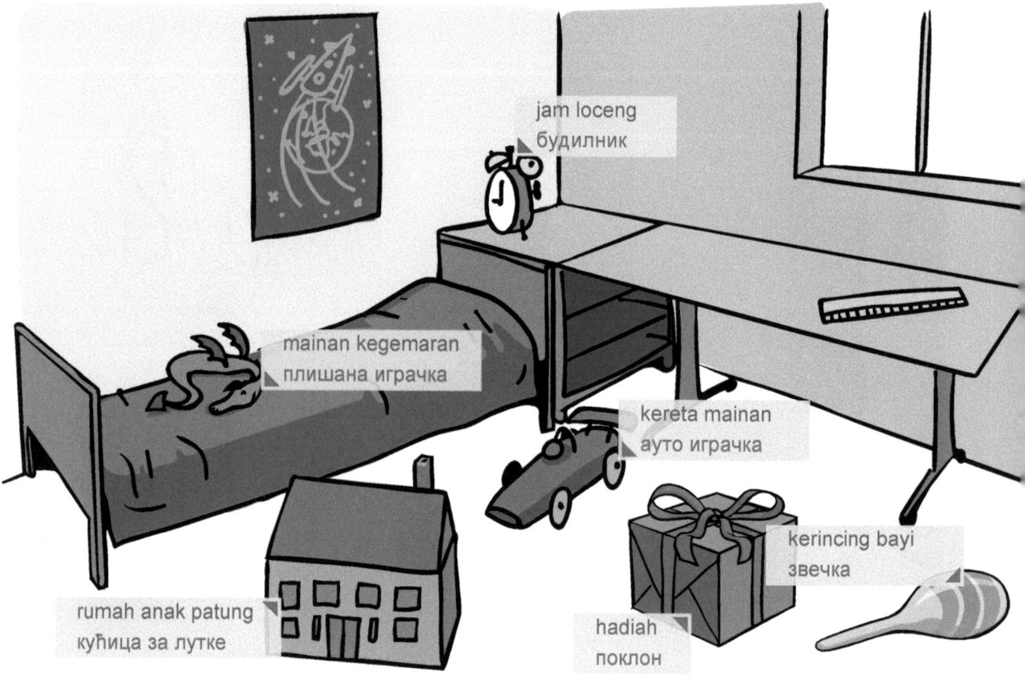

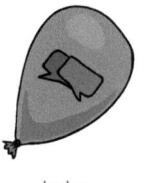

belon

балон

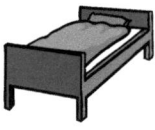

katil

кревет

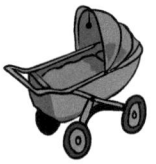

kereta sorong bayi

дјечија колица

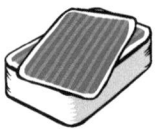

set kad

игра са картама

susun suai gambar

слагалица

SUPER MEGA

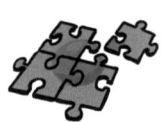

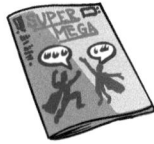

komik

стрип

batu bata lego

лего коцкице

blok mainan

коцкице за слагање

figura aksi

акциони јунак

baju bayi

бенкица за бебе

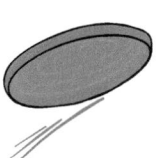

frisbee

фризби

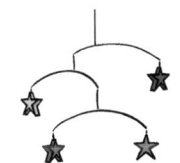

mainan bayi mudah alih

висеће играчке

permainan papan

друштвене игре

dadu

коцка

set model kereta api

минијатурна жељезница

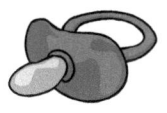

palsu

дуда

parti

забава

buku bergambar

сликовница

bola

лопта

anak patung

лутка

main

играти

lubang pasir

пешчаник

buai

љуљачка

mainan

играчка

konsol permainan video

конзола за игре

basikal roda tiga

трицикл

anak patung beruang

теди

almari pakaian

ормар

pakaian

одећа

stoking

кратке чарапе

stoking

чарапе

ketat

хулахопке

skarf
шал

keselamatan

payung
кишобран

kemeja-t
мајица

but
чизме

selipar
папуче

kasut sukan
патике

sandal
....
сандале

kasut
....
ципеле

but getah
....
гумене чизме

seluar dalam
....
гаћице

coli
....
грудњак

ves
....
поткошуља

pakaian - одећа

45

badan
боди

Seluar panjang
панталоне

jean
фармерке

skirt
сукња

blaus
блуза

kemeja
кошуља

baju panas sarung
џемпер

sweater
џемпер с капуљачом

blazer
сако

jaket
јакна

kot
мантил

baju hujan
кабаница

kostum
костим

pakaian
хаљина

baju pengantin
венчаница

sut
....
одело

baju tidur
....
спаваћица

baju tidur
....
пиџама

sari
....
сари

skarf kepala
....
марама за главу

serban
....
турбан

burqa
....
бурка

kaftan
....
кафтан

abaya/jubah
....
абаја

baju renang
....
купаћи костим

seluar renang
....
купаће гаћице

seluar pendek
....
кратке панталоне

sut balapan
....
одећа за тренинг

apron
....
кецеља

sarung tangan
....
рукавице

butang

дугме

cermin mata

наочаре

gelang tangan

наруквица

rantai leher

огрлица

cincin

прстен

subang

наушница

topi

капа

penyangkut kot

вешалица

topi

шешир

tali leher

кравата

zip

патент затварач

topi keledar

кацига

pendakap

нараменице

uniform sekolah

школска униформа

seragam

униформа

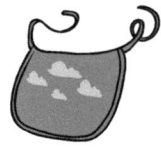

lapik dada

подбрадак

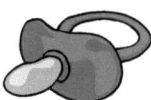

palsu

дуда

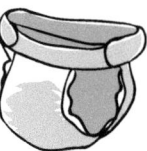

lampin

пелена

pejabat

канцеларија

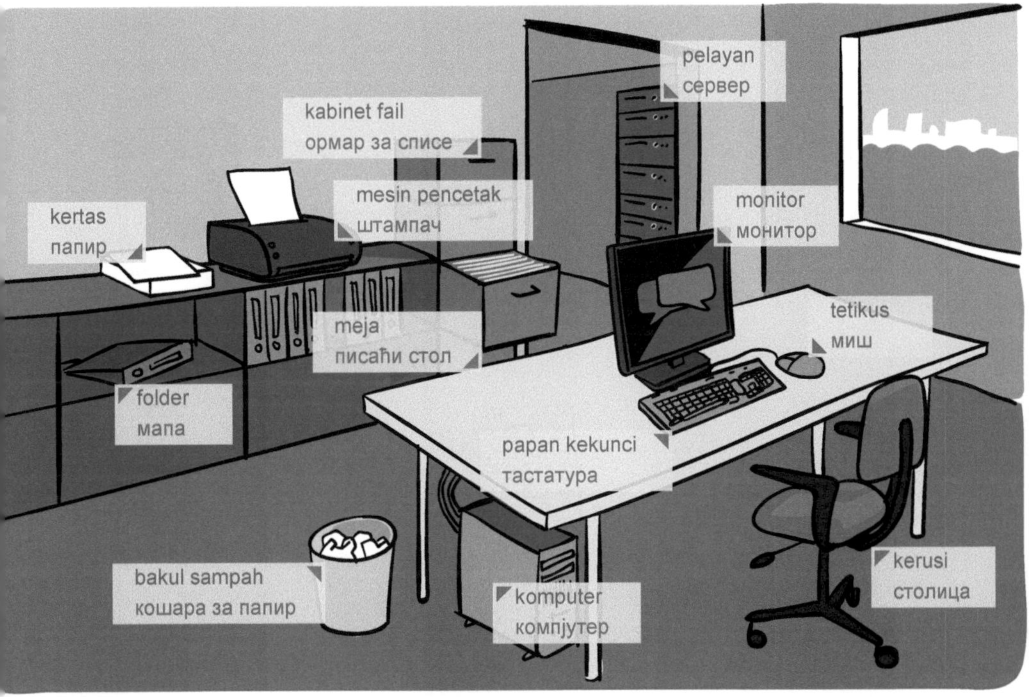

pelayan
сервер
kabinet fail
ормар за списе
mesin pencetak
штампач
kertas
папир
monitor
монитор
tetikus
миш
meja
писаћи стол
folder
мапа
papan kekunci
тастатура
bakul sampah
кошара за папир
komputer
компјутер
kerusi
столица

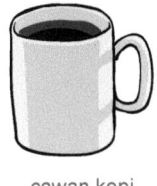

cawan kopi

шалица за каву

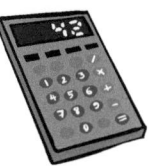

kalkulator

калкулатор

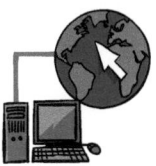

internet

интернет

komputer riba
....
лаптоп

surat
....
писмо

mesej
....
порука

mudah alih
....
мобилни телефон

rangkaian
....
мрежа

mesin fotokopi
....
уређај за копирање

perisian
....
софтвер

telefon
....
телефон

soket plag
....
утичница

mesin faks
....
факс

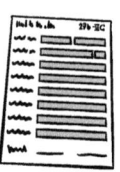

bentuk
....
формулар

dokumen
....
документ

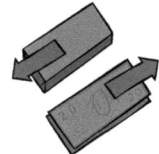

beli

куповати

bayar

платити

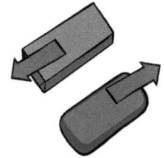

berdagang

трговати

wang

новац

dolar

долар

euro

евро

yen

јен

rubel

рубља

franc swiss

швајцарски франак

renminbi yuan

ренминдби јуан

rupee

рупија

mata tunai

аутомат за новац

pejabat tukaran mata wang

мењачница

emas

злато

perak

сребро

minyak

нафта

tenaga

енергија

harga

цена

kontrak

уговор

cukai

порез

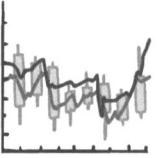

stok

деонице

kerja

радити

pekerja

службеник

majikan

послодавац

kilang

фабрика

kedai

продавница

pekerjaan
занимања

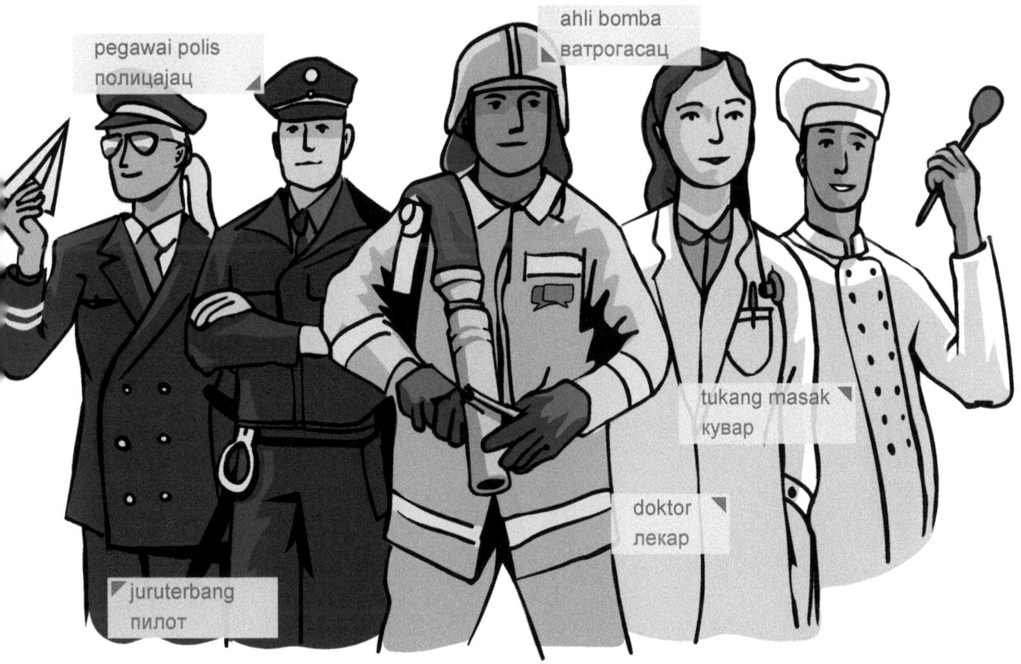
pegawai polis
полицајац
ahli bomba
ватрогасац
tukang masak
кувар
doktor
лекар
juruterbang
пилот

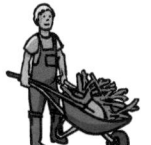

tukang kebun
вртлар

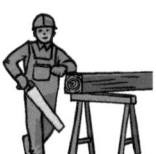

tukang kayu
столар

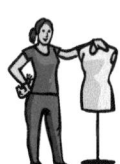

tukang jahit
кројачица

hakim
судија

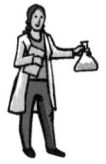

ahli kimia
хемичар

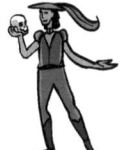

pelakon
глумац

pemandu bas

возач аутобуса

pemandu teksi

возач таксија

nelayan

рибар

wanita pencuci

чистачица

kasau

кровопокривач

pelayan

конобар

pemburu

ловац

pelukis

сликар

bakeri

пекар

juruelektrik

електричар

pembangun

грађевински радник

jurutera

инжењер

penjual daging

месар

tukang paip

лимар

posmen

поштар

askar

војник

arkitek

архитекта

juruwang

благајник

kedai bunga

цвећар

pendandan rambut

фризер

konduktor

кондуктер

mekanik

механичар

kapten

капетан

doktor gigi

зубар

ahli sains

научник

tuhanku

раби

imam

имам

sami

монах

paderi

свећеник

alat

алати

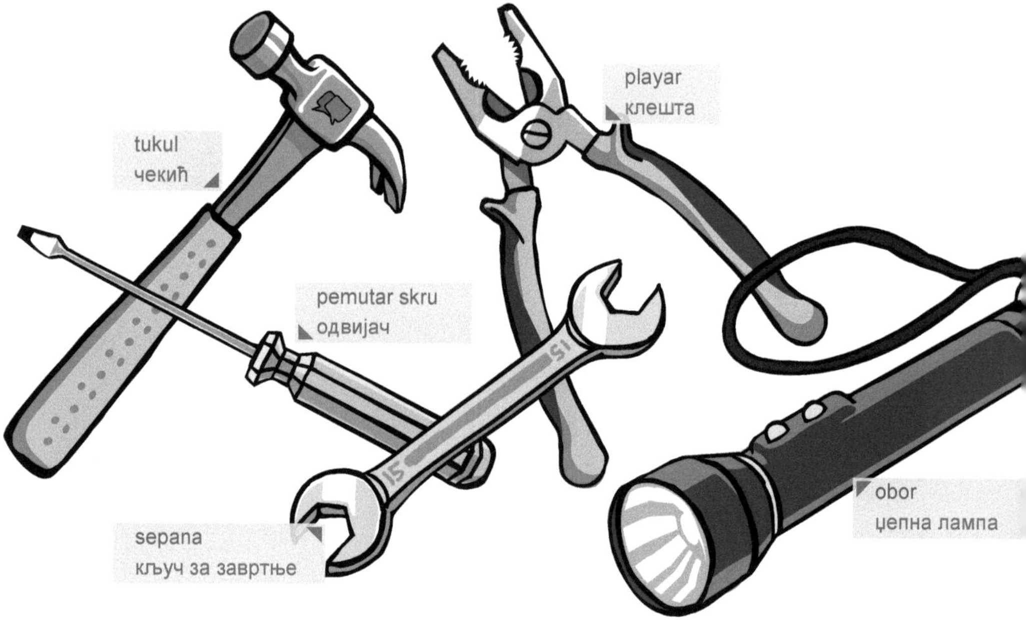
tukul
чекић
playar
клешта
pemutar skru
одвијач
sepana
кључ за завртње
obor
џепна лампа

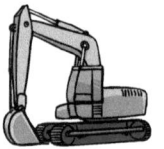

pengorek
багер

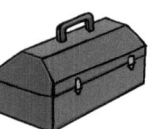

kotak peralatan
кутија за алат

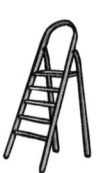

tangga
мердевине

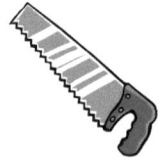

gergaji
пила

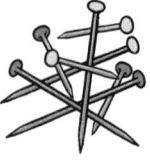

kuku
ексер

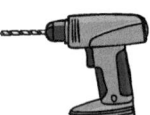

gerudi
бушилица

baiki

поправити

penyodok

лопата

Celaka!

до ђавола!

penadah sampah

лопатица

periuk cat

лонац за боју

skru

завртањи

alat muzik
музички инструмент

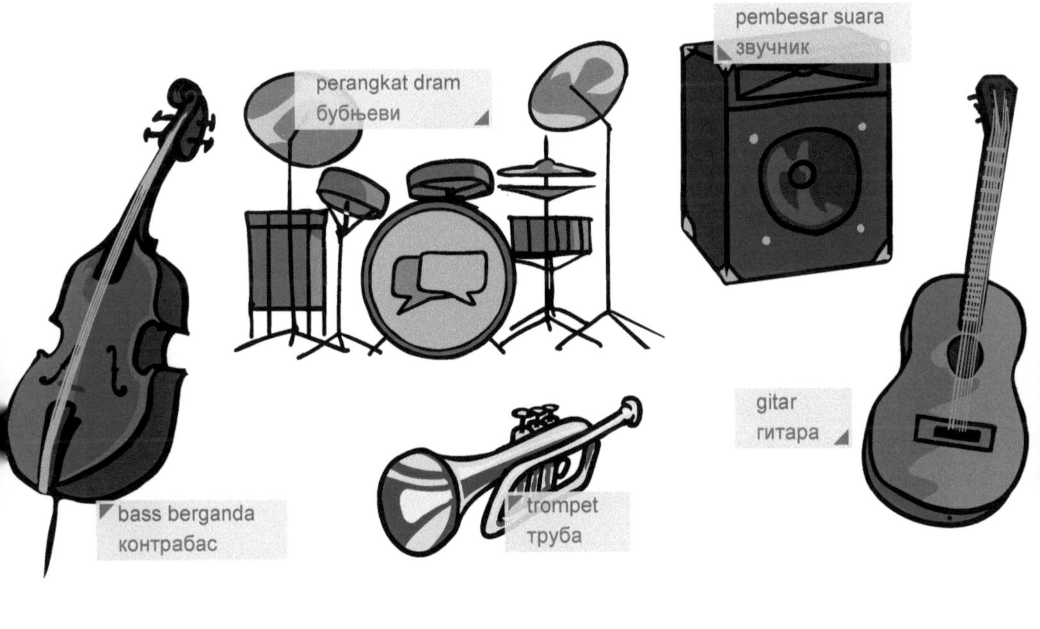

perangkat dram
бубњеви

pembesar suara
звучник

bass berganda
контрабас

trompet
труба

gitar
гитара

piano

клавир

biola

виолина

bass

бас

timpani

тимпани

dram

удараљке за бубњеве

papan kekunci

типке клавира

saksofon

саксофон

seruling

флаута

mikrofon

микрофон

alat muzik - музички инструмент

zoo

зоолошки врт

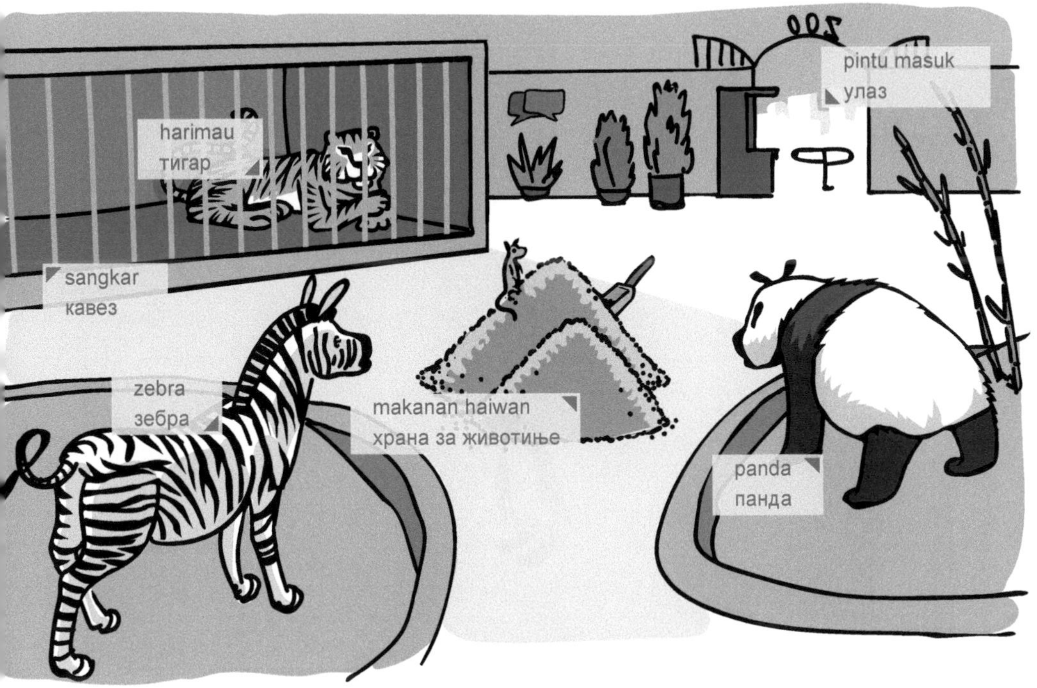

zoo
pintu masuk
улаз
harimau
тигар
sangkar
кавез
zebra
зебра
makanan haiwan
храна за животиње
panda
панда

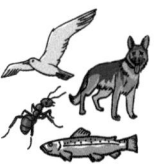

haiwan

животиње

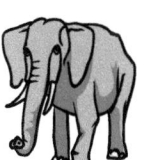

gajah

слон

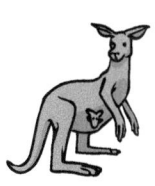

kanggaru

кенгур

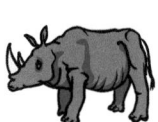

badak sumbu

носорог

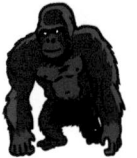

gorila

горила

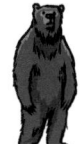

beruang

медвед

unta

камила

burung unta

ној

singa

лав

monyet

мајмун

flamingo

фламинго

nuri

папагај

beruang kutub

поларни медвед

penguin

пингвин

yu

ајкула

merak

паун

ular

змија

buaya

крокодил

penjaga zoo

чувар у зоолошком врту

anjing laut

туљан

jaguar

јагуар

kuda

пони

harimau

леопард

badak air

нилски коњ

zirafah

жирафа

helang

орао

babi jantan

дивља свиња

ikan

риба

penyu

корњача

anjing laut

морж

musang

лисица

rusa

газела

bola sepak Amerika
амерички ногомет

berbasikal
бициклизам

tenis
тенис

bola keranjang
кошарка

renang
пливање

hoki ais
хокеј на леду

tinju
бокс

bola sepak
....
фудбал

badminton
....
бадминтон

olahraga
....
атлетика

bola baling
....
рукомет

ski
....
скијање

polo
....
поло

lompat
скочити

ketawa
смејати се

peluk
загрлити

berjalan
ићи

menyanyi
певати

mimpi
сањати

berdoa
молити се

cium
пољубити

tulis
писати

lukis
цртати

tunjuk
показати

tolak
гурати

beri
дати

ambil
узети

ada

имати

buat

чинити

ialah

бити

berdiri

стојати

lari

трчати

tarik

повлачити

buang

бацити

jatuh

падати

tipu

лежати

tunggu

чекати

bawa

носити

duduk

седити

pakai

облачити

tidur

спавати

bangkit

пробудити се

lihat pada

гледати

menangis

плакати

strok

миловати

sikat

чешљати

cakap

говорити

faham

разумети

tanya

питати

dengar

слушати

minum

пити

makan

јести

mengemas

поспремити

sayang

волети

masak

кухати

pandu

возити

terbang

летети

aktiviti - активности

belayar

пловити

kira

рачунати

baca

читати

belajar

учити

kerja

радити

nikah

венчати се

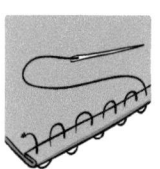

jahit

шити

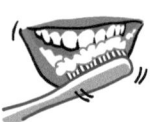

memberus gigi

прати зубе

bunuh

убити

asap

пушити

hantar

послати

aktiviti - активности

keluarga

породица

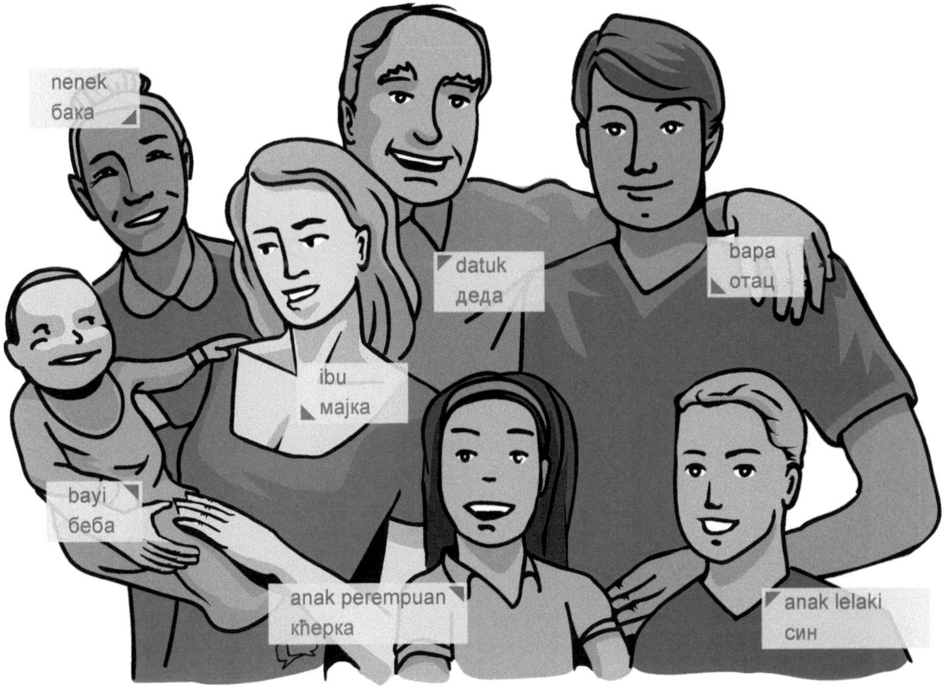
nenek
бака
datuk
деда
bapa
отац
ibu
мајка
bayi
беба
anak perempuan
ќерка
anak lelaki
син

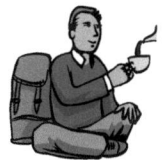

tetamu

гост

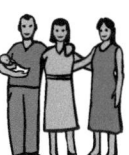

mak cik

тетка

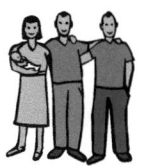

pak cik

ујак, стриц

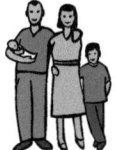

abang

брат

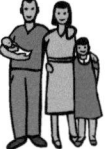

kakak

сестра

badan
тело

dahi
чело
mata
око
bahu
раме
jari
прст
muka
лице
dagu
брада
tangan
рука
dada
груди
kaki
нога
lengan
рука

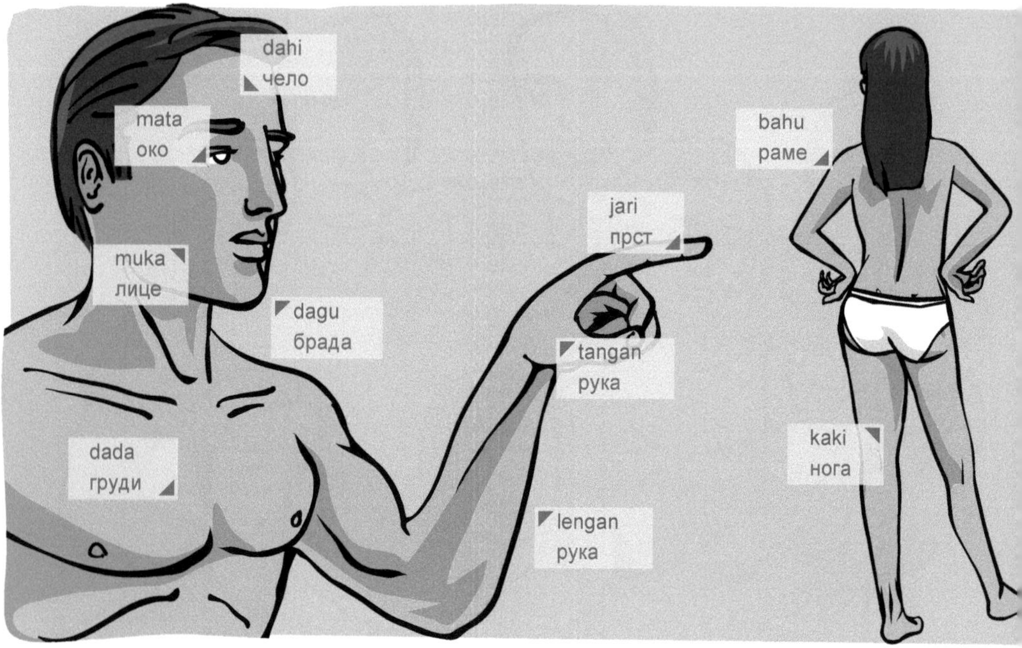

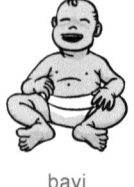

bayi

беба

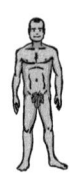

lelaki

мушкарац

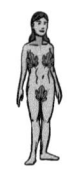

wanita

жена

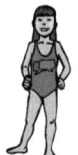

perempuan

девојчица

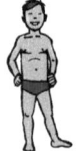

lelaki

дечак

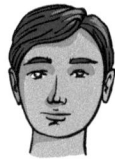

kepala

глава

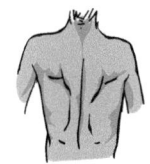

belakang

леђа

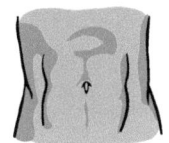

bawah perut

стомак

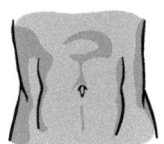

pusat

пупак

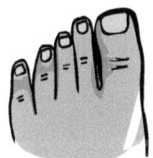

jari kaki

ножни прст

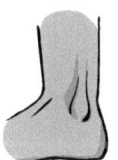

tumit

пета

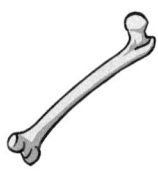

tulang

кост

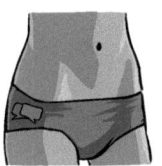

pinggul

кукови

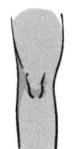

lutut

колено

siku

лакат

hidung

нос

bawah

задњица

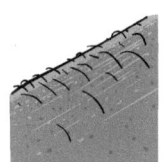

kulit

кожа

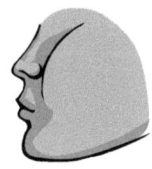

pipi

образ

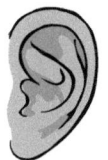

telinga

уво

bibir

усна

badan - тело

mulut
уста

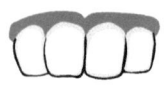

gigi
зуб

lidah
језик

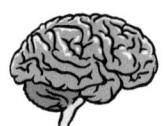

otak
мозак

hati
срце

otot
мишић

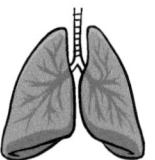

paru-paru
плућа

hati
јетра

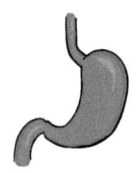

perut
желудац

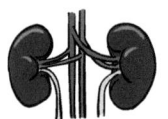

buah pinggang
бубрези

seks
полни однос

kondom
кондом

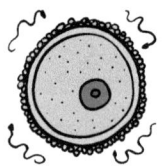

faraj
јајна ћелија

mani
сперма

mengandung
трудноћа

badan - тело

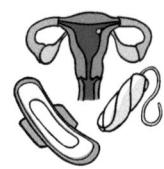

haid

менструација

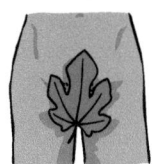

faraj

вагина

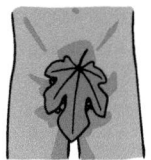

penis

пенис

kening

обрва

rambut

коса

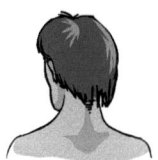

leher

врат

hospital
болница

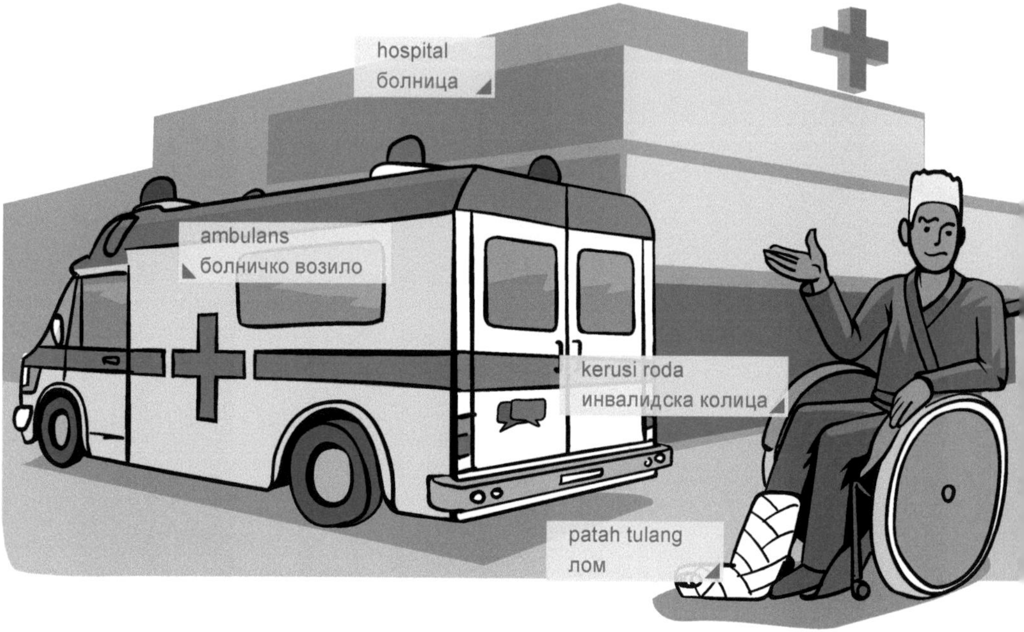

hospital
болница
ambulans
болничко возило
kerusi roda
инвалидска колица
patah tulang
лом

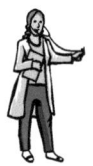

doktor

лекар

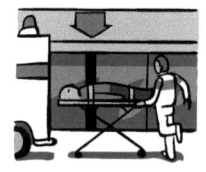

bilik kecemasan

хитна медицинска служба

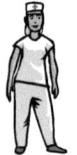

jururawat

медицинска сестра

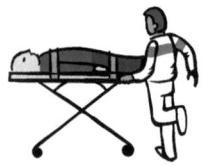

kecemasan

хитни случај

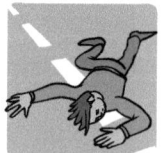

tak sedar

несвест

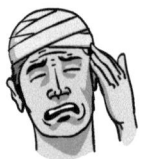

sakit

бол

kecederaan

повреда

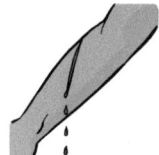

pendarahan

крварење

serangan jantung

срчани удар

strok

удар

alergi

алергија

batuk

кашаљ

demam

грозница

selesema

грипа

cirit-birit

пролив

sakit kepala

главобоља

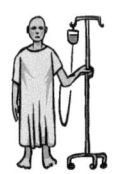

kanser

рак

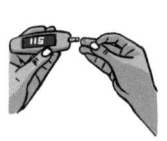

diabetes

дијабетес

pakar bedah

хирург

pisau bedah

скалпел

pembedahan

операција

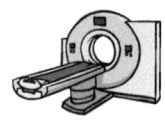

CT
....
цт

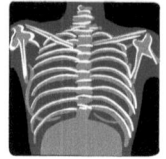

x-ray
....
рентген

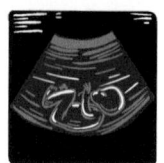

ultrabunyi
....
ултразвук

topeng muka
....
маска

penyakit
....
болест

bilik menunggu
....
чекаона

penongkat
....
штака

plaster
....
фластер

pembalut
....
завој

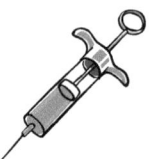

suntikan
....
ињекција

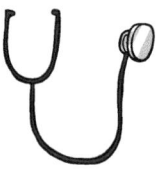

stetoskop
....
стетоскоп

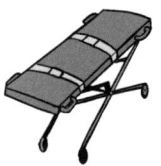

pengusung
....
носила

termometer klinik
....
термометар

kelahiran
....
рођење

berat badan berlebihan
....
прекомерна тежина

alat pendengaran

слушни апарат

disinfektan

средство за дезинфекцију

jangkitan

инфекција

virus

вирус

HIV / AIDS

хив / аидс

perubatan

медицина

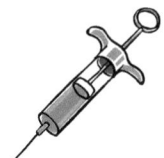

vaksinasi

вакцинација

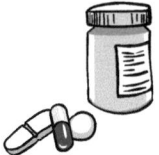

tablet

таблете

pil

пилула

panggilan kecemasan

хитни позив

pantau tekanan darah

уређај за мерење
притиска

sakit / sihat

болесно / здраво

Tolong!

помоћ!

penggera

аларм

serang

насртај

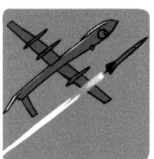

serangan

напад

bahaya

опасност

pintu kecemasan

излаз у случају нужде

Api!

пожар!

alat pemadam api

противпожарни апарат

kemalangan

незгода

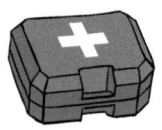

alat pertolongan cemas

кутија прве помоћи

SOS

сос

polis

полиција

Eropah

Европа

Amerika Utara

Северна Америка

Amerika Selatan

Јужна Америка

Afrika

Африка

Asia

Азија

Australia

Аустралија

Atlantic

Атлантик

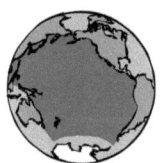

Pasifik

Пацифик

Lautan Hindi

Индијски океан

Lautan Antartik

Антарктички океан

Lautan Artik

Арктички океан

Kutub utara

Северни рол

Kutub Selatan

Јужни рол

Antartika

Антарктик

bumi

земља

tanah

земља

laut

море

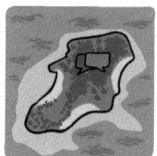

pulau

оток

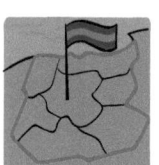

negara

нација

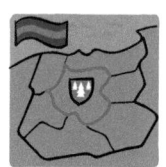

negeri

држава

muka jam

бројчаник сата

tangan jam

сатна казаљка

tangan minit

минутна казаљка

terpakai

секундна казаљка

Jam berapa sekarang

Колико је сати?

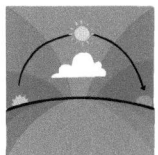

hari

дан

masa

време

sekarang

сада

jam digital

дигитални сат

minit

минута

jam

час

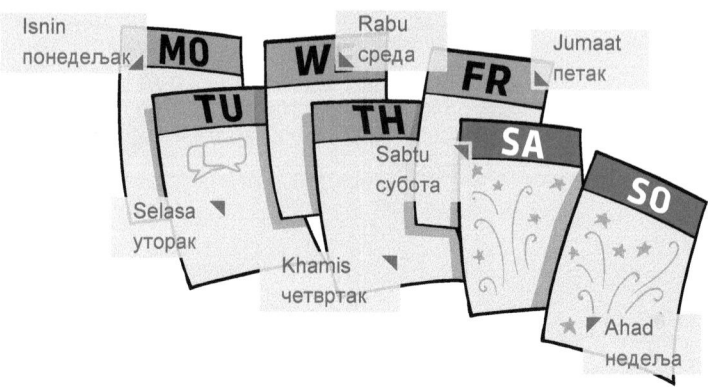

Isnin / понедељак — MO
Rabu / среда — W
Jumaat / петак — FR
TU
TH
SA
Selasa / уторак
Sabtu / субота
Khamis / четвртак
Ahad / недеља — SO

semalam
јуче

hari ini
данас

esok
сутра

pagi
јутро

tengah hari
подне

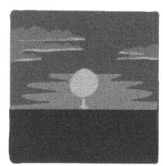

petang
вече

MO	TU	WE	TH	FR	SA	SU
1	2	3	4	5	6	7
8	9	10	11	12	13	14
15	16	17	18	19	20	21
22	23	24	25	26	27	28
29	30	31	1	2	3	4

hari kerja
радни дани

MO	TU	WE	TH	FR	SA	SU
1	2	3	4	5	6	7
8	9	10	11	12	13	14
15	16	17	18	19	20	21
22	23	24	25	26	27	28
29	30	31	1	2	3	4

hari minggu
викенд

tahun

година

hujan
киша
pelangi
дуга
angin
ветар
salji
снег
musim bunga
пролеће
musim panas
лето
musim luruh
јесен
musim salji
зима

4.APRIL 11°
5.APRIL 4°
6.APRIL 13°
7.APRIL 8°
8.APRIL 10°

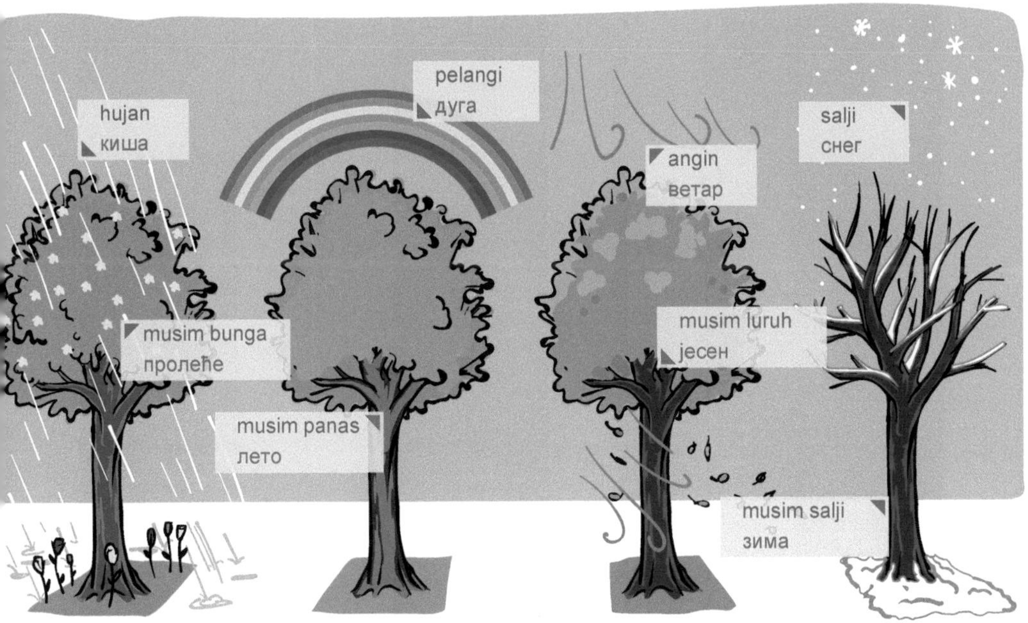

ramalan cuaca
....
метеоролошка прогноза

F C
120 40
90 30
60 20
30 10
0 0
-30 -10
-20

termometer
....
термометар

sinar matahari
....
сунчана светлост

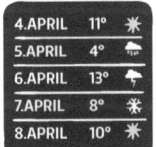

awan
....
облак

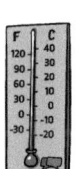

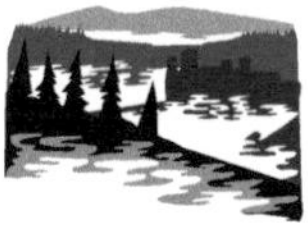

kabus
....
магла

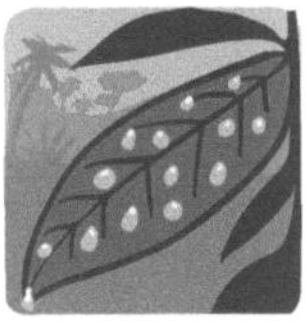

lembapan
....
влажност ваздуха

kilat

муња

petir

грмљавина

ribut

олуја

hujan batu

туча

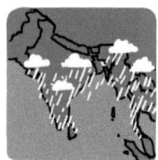

monsun

монсун

banjir

поплава

ais

лед

Januari

јануар

Februari

фебруар

Mac

март

April

април

Mei

мај

Jun

јуни

Julai

јули

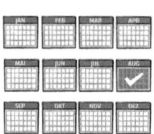

Ogos

август

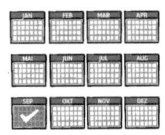

September
....
септембар

Oktober
....
октобар

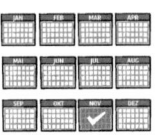

November
....
новембар

Disember
....
децембар

bulatan
....
круг

petak
....
квадрат

segi empat tepat
....
правоугао

segitiga
....
троугао

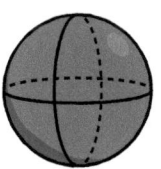

sfera
....
кугла

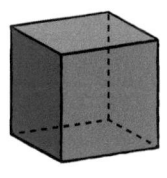

kiub
....
коцка

putih

бела

kuning

жута

oren

наранџаста

merah jambu

ружичаста

merah

црвена

ungu

љубичаста

biru

плава

hijau

зелена

coklat

смеђа

kelabu

сива

hitam

црна

banyak / sedikit

много / мало

marah / tenang

љутито / мирно

cantik / hodoh

лепо / ружно

bermula / tamat

почетак / крај

besar kecil

велико / малено

terang / gelap

светло / тамно

abang / kakak

брат / сестра

bersih / kotor

чисто / прљаво

lengkap / tidak lengkap

потпуно / непотпуно

hari / malam

дан / ноћ

mati / hidup

мртво / живо

luas / sempit

широко / уско

boleh dimakan / tidak boleh dimakan

јестиво / нејестиво

jahat / baik

зло / добро

teruja / bosan

узбуђено / досадно

gemuk / kurus

дебело / мршаво

pertama / terakhir

на почетку / на крају

kawan / musuh

пријатељ / непријатељ

penuh / kosong

пуно / празно

keras / lembut

тврдо / мекано

berat / ringan

тешко / лагано

lapar / dahaga

глад / жеђ

sakit / sihat

болесно / здраво

menyalahi undang-undang / undang-undang

илегално / легално

pintar / bodoh

паметно / глупо

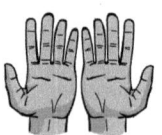

kiri / kanan

лево / десно

dekat / jauh

близу / далеко

berlawanan - супротности

baru / lama

ново / половно

tiada / sesuatu

ништа / нешто

tua / muda

старо / младо

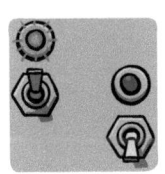

hidup / mati

укључено / искључено

terbuka / tertutup

отворено / затворено

diam / bising

тихо / гласно

kaya / miskin

богато / сиромашно

betul / salah

тачно / погрешно

kasar / halus

храпаво / глатко

sedih / gembira

тужно / сретно

pendek / panjang

кратко / дуго

lambat / laju

полако / брзо

basah / kering

мокро / сухо

panas / sejuk

топло / хладно

berperang / berdamai

рат / мир

0

sifar

нула

1

satu

један

2

dua

два

3

tiga

три

4

empat

четири

5

lima

пет

6

enam

шест

7

tujuh

седам

8

lapan

осам

9

sembilan

девет

10

sepuluh

десет

11

sebelas

једанаест

12

dua belas

дванаест

13

tiga belas

тринаест

14

empat belas

четрнаест

15

lima belas

петнаест

16

enam belas

шестнаест

17

tujuh belas

седамнаест

18

lapan belas

осамнаест

19

Sembilan belas

деветнаест

20

dua puluh

двадесет

100

ratus

стотину

1.000

ribu

хиљаду

1.000.000

juta

милион

Bahasa Inggeris

енглески

Bahasa Inggeris Amerika

амерички енглески

Bahasa Cina Mandarin

мандарински кинески

Bahasa Hindi

хиндски

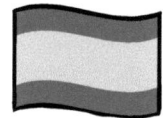

Bahasa Sepanyol

шпански

Bahasa Perancis

француски

Bahasa Arab

арапски

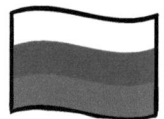

Bahasa Rusia

руски

Bahasa Portugis

португалски

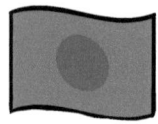

Bahasa Benggali

бенгалски

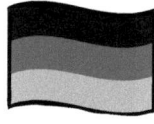

Bahasa Jerman

немачки

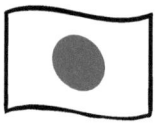

Bahasa Jepun

јапански

saya

ja

anda

ти

dia / dia / ia

он / она / оно

kita

ми

anda

ви

mereka

они

siapa?

Ко?

apa?

Шта?

bagaimana?

Како?

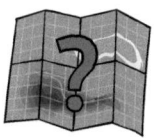

di mana?

Где?

bila?

Када?

nama

име

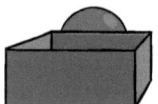

belakang

иза

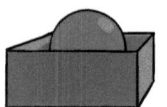

dalam

у

di hadapan

испред

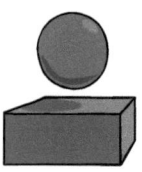

lebih

преко

pada

на

di bawah

испод

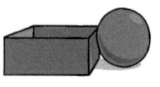

bersebelahan

поред

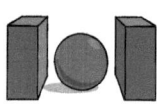

antara

између

tempat

место